Jan 2020 - December 2024

5 year

Monthly planner

AT WATER LILY NOTEBOOKS, WE THINK THAT CAREFULLY DESIGNED PLANNER COULD BRING YOU JOY DAY AFTER DAY THROUGHOUT THE YEAR AND COULD BRING YOU CLOSER TO ACHIEVING YOUR GOALS...

...AND MAYBE EVEN YOUR DREAMS.

WE HOPE THAT YOU'LL LIKE THE PLANNER IN FRONT OF YOU AS MUCH AS WE DID PUTTING IT CAREFULLY TOGETHER.

GOOD LUCK!

Notes

2020

January

M	T	W	T	F	S	S
		1	2	3	4	5
6	7	8	9	10	11	12
13	14	15	16	17	18	19
20	21	22	23	24	25	26
27	28	29	30	31		

February

M	T	W	T	F	S	S
					1	2
3	4	5	6	7	8	9
10	11	12	13	14	15	16
17	18	19	20	21	22	23
24	25	26	27	28	29	

March

M	T	W	T	F	S	S
						1
2	3	4	5	6	7	8
9	10	11	12	13	14	15
16	17	18	19	20	21	22
23	24	25	26	27	28	29
30	31					

April

M	T	W	T	F	S	S
		1	2	3	4	5
6	7	8	9	10	11	12
13	14	15	16	17	18	19
20	21	22	23	24	25	26
27	28	29	30			

May

M	T	W	T	F	S	S
				1	2	3
4	5	6	7	8	9	10
11	12	13	14	15	16	17
18	19	20	21	22	23	24
25	26	27	28	29	30	31

June

M	T	W	T	F	S	S
1	2	3	4	5	6	7
8	9	10	11	12	13	14
15	16	17	18	19	20	21
22	23	24	25	26	27	28
29	30					

July

M	T	W	T	F	S	S
		1	2	3	4	5
6	7	8	9	10	11	12
13	14	15	16	17	18	19
20	21	22	23	24	25	26
27	28	29	30	31		

August

M	T	W	T	F	S	S
					1	2
3	4	5	6	7	8	9
10	11	12	13	14	15	16
17	18	19	20	21	22	23
24	25	26	27	28	29	30
31						

September

M	T	W	T	F	S	S
	1	2	3	4	5	6
7	8	9	10	11	12	13
14	15	16	17	18	19	20
21	22	23	24	25	26	27
28	29	30				

October

M	T	W	T	F	S	S
			1	2	3	4
5	6	7	8	9	10	11
12	13	14	15	16	17	18
19	20	21	22	23	24	25
26	27	28	29	30	31	

November

M	T	W	T	F	S	S
						1
2	3	4	5	6	7	8
9	10	11	12	13	14	15
16	17	18	19	20	21	22
23	24	25	26	27	28	29
30						

December

M	T	W	T	F	S	S
	1	2	3	4	5	6
7	8	9	10	11	12	13
14	15	16	17	18	19	20
21	22	23	24	25	26	27
28	29	30	31			

Notes

2021

January

M	T	W	T	F	S	S
				1	2	3
4	5	6	7	8	9	10
11	12	13	14	15	16	17
18	19	20	21	22	23	24
25	26	27	28	29	30	31

February

M	T	W	T	F	S	S
1	2	3	4	5	6	7
8	9	10	11	12	13	14
15	16	17	18	19	20	21
22	23	24	25	26	27	28

March

M	T	W	T	F	S	S
1	2	3	4	5	6	7
8	9	10	11	12	13	14
15	16	17	18	19	20	21
22	23	24	25	26	27	28
29	30	31				

April

M	T	W	T	F	S	S
			1	2	3	4
5	6	7	8	9	10	11
12	13	14	15	16	17	18
19	20	21	22	23	24	25
26	27	28	29	30		

May

M	T	W	T	F	S	S
					1	2
3	4	5	6	7	8	9
10	11	12	13	14	15	16
17	18	19	20	21	22	23
24	25	26	27	28	29	30
31						

June

M	T	W	T	F	S	S
	1	2	3	4	5	6
7	8	9	10	11	12	13
14	15	16	17	18	19	20
21	22	23	24	25	26	27
28	29	30				

July

M	T	W	T	F	S	S
			1	2	3	4
5	6	7	8	9	10	11
12	13	14	15	16	17	18
19	20	21	22	23	24	25
26	27	28	29	30	31	

August

M	T	W	T	F	S	S
						1
2	3	4	5	6	7	8
9	10	11	12	13	14	15
16	17	18	19	20	21	22
23	24	25	26	27	28	29
30	31					

September

M	T	W	T	F	S	S
		1	2	3	4	5
6	7	8	9	10	11	12
13	14	15	16	17	18	19
20	21	22	23	24	25	26
27	28	29	30			

October

M	T	W	T	F	S	S
				1	2	3
4	5	6	7	8	9	10
11	12	13	14	15	16	17
18	19	20	21	22	23	24
25	26	27	28	29	30	31

November

M	T	W	T	F	S	S
1	2	3	4	5	6	7
8	9	10	11	12	13	14
15	16	17	18	19	20	21
22	23	24	25	26	27	28
29	30					

December

M	T	W	T	F	S	S
		1	2	3	4	5
6	7	8	9	10	11	12
13	14	15	16	17	18	19
20	21	22	23	24	25	26
27	28	29	30	31		

Notes

2022

January

M	T	W	T	F	S	S
					1	2
3	4	5	6	7	8	9
10	11	12	13	14	15	16
17	18	19	20	21	22	23
24	25	26	27	28	29	30
31						

February

M	T	W	T	F	S	S
	1	2	3	4	5	6
7	8	9	10	11	12	13
14	15	16	17	18	19	20
21	22	23	24	25	26	27
28						

March

M	T	W	T	F	S	S
	1	2	3	4	5	6
7	8	9	10	11	12	13
14	15	16	17	18	19	20
21	22	23	24	25	26	27
28	29	30	31			

April

M	T	W	T	F	S	S
				1	2	3
4	5	6	7	8	9	10
11	12	13	14	15	16	17
18	19	20	21	22	23	24
25	26	27	28	29	30	

May

M	T	W	T	F	S	S
						1
2	3	4	5	6	7	8
9	10	11	12	13	14	15
16	17	18	19	20	21	22
23	24	25	26	27	28	29
30	31					

June

M	T	W	T	F	S	S
		1	2	3	4	5
6	7	8	9	10	11	12
13	14	15	16	17	18	19
20	21	22	23	24	25	26
27	28	29	30			

July

M	T	W	T	F	S	S
				1	2	3
4	5	6	7	8	9	10
11	12	13	14	15	16	17
18	19	20	21	22	23	24
25	26	27	28	29	30	31

August

M	T	W	T	F	S	S
1	2	3	4	5	6	7
8	9	10	11	12	13	14
15	16	17	18	19	20	21
22	23	24	25	26	27	28
29	30	31				

September

M	T	W	T	F	S	S
			1	2	3	4
5	6	7	8	9	10	11
12	13	14	15	16	17	18
19	20	21	22	23	24	25
26	27	28	29	30		

October

M	T	W	T	F	S	S
					1	2
3	4	5	6	7	8	9
10	11	12	13	14	15	16
17	18	19	20	21	22	23
24	25	26	27	28	29	30
31						

November

M	T	W	T	F	S	S
	1	2	3	4	5	6
7	8	9	10	11	12	13
14	15	16	17	18	19	20
21	22	23	24	25	26	27
28	29	30				

December

M	T	W	T	F	S	S
			1	2	3	4
5	6	7	8	9	10	11
12	13	14	15	16	17	18
19	20	21	22	23	24	25
26	27	28	29	30	31	

Notes

2023

January

M	T	W	T	F	S	S
						1
2	3	4	5	6	7	8
9	10	11	12	13	14	15
16	17	18	19	20	21	22
23	24	25	26	27	28	29
30	31					

February

M	T	W	T	F	S	S
		1	2	3	4	5
6	7	8	9	10	11	12
13	14	15	16	17	18	19
20	21	22	23	24	25	26
27	28					

March

M	T	W	T	F	S	S
		1	2	3	4	5
6	7	8	9	10	11	12
13	14	15	16	17	18	19
20	21	22	23	24	25	26
27	28	29	30	31		

April

M	T	W	T	F	S	S
					1	2
3	4	5	6	7	8	9
10	11	12	13	14	15	16
17	18	19	20	21	22	23
24	25	26	27	28	29	30

May

M	T	W	T	F	S	S
1	2	3	4	5	6	7
8	9	10	11	12	13	14
15	16	17	18	19	20	21
22	23	24	25	26	27	28
29	30	31				

June

M	T	W	T	F	S	S
			1	2	3	4
5	6	7	8	9	10	11
12	13	14	15	16	17	18
19	20	21	22	23	24	25
26	27	28	29	30		

July

M	T	W	T	F	S	S
					1	2
3	4	5	6	7	8	9
10	11	12	13	14	15	16
17	18	19	20	21	22	23
24	25	26	27	28	29	30
31						

August

M	T	W	T	F	S	S
	1	2	3	4	5	6
7	8	9	10	11	12	13
14	15	16	17	18	19	20
21	22	23	24	25	26	27
28	29	30	31			

September

M	T	W	T	F	S	S
				1	2	3
4	5	6	7	8	9	10
11	12	13	14	15	16	17
18	19	20	21	22	23	24
25	26	27	28	29	30	

October

M	T	W	T	F	S	S
						1
2	3	4	5	6	7	8
9	10	11	12	13	14	15
16	17	18	19	20	21	22
23	24	25	26	27	28	29
30	31					

November

M	T	W	T	F	S	S
		1	2	3	4	5
6	7	8	9	10	11	12
13	14	15	16	17	18	19
20	21	22	23	24	25	26
27	28	29	30			

December

M	T	W	T	F	S	S
				1	2	3
4	5	6	7	8	9	10
11	12	13	14	15	16	17
18	19	20	21	22	23	24
25	26	27	28	29	30	31

Notes

2024

January

M	T	W	T	F	S	S
1	2	3	4	5	6	7
8	9	10	11	12	13	14
15	16	17	18	19	20	21
22	23	24	25	26	27	28
29	30	31				

February

M	T	W	T	F	S	S
			1	2	3	4
5	6	7	8	9	10	11
12	13	14	15	16	17	18
19	20	21	22	23	24	25
26	27	28	29			

March

M	T	W	T	F	S	S
				1	2	3
4	5	6	7	8	9	10
11	12	13	14	15	16	17
18	19	20	21	22	23	24
25	26	27	28	29	30	31

April

M	T	W	T	F	S	S
1	2	3	4	5	6	7
8	9	10	11	12	13	14
15	16	17	18	19	20	21
22	23	24	25	26	27	28
29	30					

May

M	T	W	T	F	S	S
		1	2	3	4	5
6	7	8	9	10	11	12
13	14	15	16	17	18	19
20	21	22	23	24	25	26
27	28	29	30	31		

June

M	T	W	T	F	S	S
					1	2
3	4	5	6	7	8	9
10	11	12	13	14	15	16
17	18	19	20	21	22	23
24	25	26	27	28	29	30

July

M	T	W	T	F	S	S
1	2	3	4	5	6	7
8	9	10	11	12	13	14
15	16	17	18	19	20	21
22	23	24	25	26	27	28
29	30	31				

August

M	T	W	T	F	S	S
			1	2	3	4
5	6	7	8	9	10	11
12	13	14	15	16	17	18
19	20	21	22	23	24	25
26	27	28	29	30	31	

September

M	T	W	T	F	S	S
						1
2	3	4	5	6	7	8
9	10	11	12	13	14	15
16	17	18	19	20	21	22
23	24	25	26	27	28	29
30						

October

M	T	W	T	F	S	S
	1	2	3	4	5	6
7	8	9	10	11	12	13
14	15	16	17	18	19	20
21	22	23	24	25	26	27
28	29	30	31			

November

M	T	W	T	F	S	S
				1	2	3
4	5	6	7	8	9	10
11	12	13	14	15	16	17
18	19	20	21	22	23	24
25	26	27	28	29	30	

December

M	T	W	T	F	S	S
						1
2	3	4	5	6	7	8
9	10	11	12	13	14	15
16	17	18	19	20	21	22
23	24	25	26	27	28	29
30	31					

Notes

January

To Dos	Monday	Tuesday	Wednesday
	30	31	1
	6	7	8
	13	14	15
	20	21	22
	27	28	29
	3	4	5

Notes

2020

Thursday	Friday	Saturday	Sunday
2	3	4	5
9	10	11	12
16	17	18	19
23	24	25	26
30	31	1	2
6	7	8	9

Notes

February

To Dos	Monday	Tuesday	Wednesday
	27	28	29
	3	4	5
	10	11	12
	17	18	19
	24	25	26
	2	3	4

Notes

2020

Thursday	Friday	Saturday	Sunday
30	31	1	2
6	7	8	9
13	14	15	16
20	21	22	23
27	28	29	1
5	6	7	8

Notes

March

To Dos	Monday	Tuesday	Wednesday
	24	25	26
	2	3	4
	9	10	11
	16	17	18
	23	24	25
	30	31	1

Notes

2020

Thursday	Friday	Saturday	Sunday
27	28	29	1
5	6	7	8
12	13	14	15
19	20	21	22
26	27	28	29
2	3	4	5

Notes

April

To Dos	Monday	Tuesday	Wednesday
	30	31	1
	6	7	8
	13	14	15
	20	21	22
	27	28	29
	4	5	6

Notes

2020

Thursday	Friday	Saturday	Sunday
2	3	4	5
9	10	11	12
16	17	18	19
23	24	25	26
30	1	2	3
7	8	9	10

Notes

May

To Dos	Monday	Tuesday	Wednesday
	27	28	29
	4	5	6
	11	12	13
	18	19	20
	25	26	27
	1	2	3

Notes

2020

Thursday	Friday	Saturday	Sunday
30	1	2	3
7	8	9	10
14	15	16	17
21	22	23	24
28	29	30	31
4	5	6	7

Notes

June

To Dos	Monday	Tuesday	Wednesday
	1	2	3
	8	9	10
	15	16	17
	22	23	24
	29	30	1
	6	7	8

Notes

2020

Thursday	Friday	Saturday	Sunday
4	5	6	7
11	12	13	14
18	19	20	21
25	26	27	28
2	3	4	5
9	10	11	12

Notes

July

To Dos	Monday	Tuesday	Wednesday
	29	30	1
	6	7	8
	13	14	15
	20	21	22
	27	28	29
	3	4	5

Notes

2020

Thursday	Friday	Saturday	Sunday
2	3	4	5
9	10	11	12
16	17	18	19
23	24	25	26
30	31	1	2
6	7	8	9

Notes

August

To Dos	Monday	Tuesday	Wednesday
	27	28	29
	3	4	5
	10	11	12
	17	18	19
	24	25	26
	31	1	2

Notes

2020

Thursday	Friday	Saturday	Sunday
30	31	1	2
6	7	8	9
13	14	15	16
20	21	22	23
27	28	29	30
3	4	5	6

Notes

September

To Dos	Monday	Tuesday	Wednesday
	31	1	2
	7	8	9
	14	15	16
	21	22	23
	28	29	30
	5	6	7

Notes

2020

Thursday	Friday	Saturday	Sunday
3	4	5	6
10	11	12	13
17	18	19	20
24	25	26	27
1	2	3	4
8	9	10	11

Notes

October

To Dos	Monday	Tuesday	Wednesday
	28	29	30
	5	6	7
	12	13	14
	19	20	21
	26	27	28
	2	3	4

Notes

2020

Thursday	Friday	Saturday	Sunday
1	2	3	4
8	9	10	11
15	16	17	18
22	23	24	25
29	30	31	1
5	6	7	8

Notes

November

To Dos	Monday	Tuesday	Wednesday
	26	27	28
	2	3	4
	9	10	11
	16	17	18
	23	24	25
	30	1	2

Notes

2020

Thursday	Friday	Saturday	Sunday
29	30	31	1
5	6	7	8
12	13	14	15
19	20	21	22
26	27	28	29
3	4	5	6

Notes

December

To Dos	Monday	Tuesday	Wednesday
	30	1	2
	7	8	9
	14	15	16
	21	22	23
	28	29	30
	4	5	6

Notes

2020

Thursday	Friday	Saturday	Sunday
3	4	5	6
10	11	12	13
17	18	19	20
24	25	26	27
31	1	2	3
7	8	9	10

Notes

January

To Dos	Monday	Tuesday	Wednesday
	28	29	30
	4	5	6
	11	12	13
	18	19	20
	25	26	27
	1	2	3

Notes

2021

Thursday	Friday	Saturday	Sunday
31	1	2	3
7	8	9	10
14	15	16	17
21	22	23	24
28	29	30	31
4	5	6	7

Notes

February

To Dos	Monday	Tuesday	Wednesday
	1	2	3
	8	9	10
	15	16	17
	22	23	24
	1	2	3
	8	9	10

Notes

2021

Thursday	Friday	Saturday	Sunday
4	5	6	7
11	12	13	14
18	19	20	21
25	26	27	28
4	5	6	7
11	12	13	14

Notes

March

To Dos	Monday	Tuesday	Wednesday
	1	2	3
	8	9	10
	15	16	17
	22	23	24
	29	30	31
	5	6	7

Notes

2021

Thursday	Friday	Saturday	Sunday
4	5	6	7
11	12	13	14
18	19	20	21
25	26	27	28
1	2	3	4
8	9	10	11

Notes

April

To Dos	Monday	Tuesday	Wednesday
	29	30	31
	5	6	7
	12	13	14
	19	20	21
	26	27	28
	3	4	5

Notes

2021

Thursday	Friday	Saturday	Sunday
1	2	3	4
8	9	10	11
15	16	17	18
22	23	24	25
29	30	1	2
6	7	8	9

Notes

May

To Dos	Monday	Tuesday	Wednesday
	26	27	28
	3	4	5
	10	11	12
	17	18	19
	24	25	26
	31	1	2

Notes

2021

Thursday	Friday	Saturday	Sunday
29	30	1	2
6	7	8	9
13	14	15	16
20	21	22	23
27	28	29	30
3	4	5	6

Notes

June

To Dos	Monday	Tuesday	Wednesday
	31	1	2
	7	8	9
	14	15	16
	21	22	23
	28	29	30
	5	6	7

Notes

2021

Thursday	Friday	Saturday	Sunday
3	4	5	6
10	11	12	13
17	18	19	20
24	25	26	27
1	2	3	4
8	9	10	11

Notes

July

To Dos	Monday	Tuesday	Wednesday
	28	29	30
	5	6	7
	12	13	14
	19	20	21
	26	27	28
	2	3	4

Notes

2021

Thursday	Friday	Saturday	Sunday
1	2	3	4
8	9	10	11
15	16	17	18
22	23	24	25
29	30	31	1
5	6	7	8

Notes

August

To Dos	Monday	Tuesday	Wednesday
	26	27	28
	2	3	4
	9	10	11
	16	17	18
	23	24	25
	30	31	1

Notes

2021

Thursday	Friday	Saturday	Sunday
29	30	31	1
5	6	7	8
12	13	14	15
19	20	21	22
26	27	28	29
2	3	4	5

Notes

September

To Dos	Monday	Tuesday	Wednesday
	30	31	1
	6	7	8
	13	14	15
	20	21	22
	27	28	29
	4	5	6

Notes

2021

Thursday	Friday	Saturday	Sunday
2	3	4	5
9	10	11	12
16	17	18	19
23	24	25	26
30	1	2	3
7	8	9	10

Notes

October

To Dos	Monday	Tuesday	Wednesday
	27	28	29
	4	5	6
	11	12	13
	18	19	20
	25	26	27
	1	2	3

Notes

2021

Thursday	Friday	Saturday	Sunday
30	1	2	3
7	8	9	10
14	15	16	17
21	22	23	24
28	29	30	31
4	5	6	7

Notes

November

To Dos	Monday	Tuesday	Wednesday
	1	2	3
	8	9	10
	15	16	17
	22	23	24
	29	30	1
	6	7	8

Notes

2021

Thursday	Friday	Saturday	Sunday
4	5	6	7
11	12	13	14
18	19	20	21
25	26	27	28
2	3	4	5
9	10	11	12

Notes

December

To Dos	Monday	Tuesday	Wednesday
	29	30	1
	6	7	8
	13	14	15
	20	21	22
	27	28	29
	3	4	5

Notes

2021

Thursday	Friday	Saturday	Sunday
2	3	4	5
9	10	11	12
16	17	18	19
23	24	25	26
30	31	1	2
6	7	8	9

Notes

January

To Dos	Monday	Tuesday	Wednesday
	27	28	29
	3	4	5
	10	11	12
	17	18	19
	24	25	26
	31	1	2

Notes

2022

Thursday	Friday	Saturday	Sunday
30	31	1	2
6	7	8	9
13	14	15	16
20	21	22	23
27	28	29	30
3	4	5	6

Notes

February

To Dos	Monday	Tuesday	Wednesday
	31	1	2
	7	8	9
	14	15	16
	21	22	23
	28	1	2
	7	8	9

Notes

2022

Thursday	Friday	Saturday	Sunday
3	4	5	6
10	11	12	13
17	18	19	20
24	25	26	27
3	4	5	6
10	11	12	13

Notes

March

To Dos	Monday	Tuesday	Wednesday
	28	1	2
	7	8	9
	14	15	16
	21	22	23
	28	29	30
	4	5	6

Notes

2022

Thursday	Friday	Saturday	Sunday
3	4	5	6
10	11	12	13
17	18	19	20
24	25	26	27
31	1	2	3
7	8	9	10

Notes

April

To Dos	Monday	Tuesday	Wednesday
	28	29	30
	4	5	6
	11	12	13
	18	19	20
	25	26	27
	2	3	4

Notes

2022

Thursday	Friday	Saturday	Sunday
31	1	2	3
7	8	9	10
14	15	16	17
21	22	23	24
28	29	30	1
5	6	7	8

Notes

May

To Dos	Monday	Tuesday	Wednesday
	25	26	27
	2	3	4
	9	10	11
	16	17	18
	23	24	25
	30	31	1

Notes

2022

Thursday	Friday	Saturday	Sunday
28	29	30	1
5	6	7	8
12	13	14	15
19	20	21	22
26	27	28	29
2	3	4	5

Notes

June

To Dos	Monday	Tuesday	Wednesday
	30	31	1
	6	7	8
	13	14	15
	20	21	22
	27	28	29
	4	5	6

Notes

2022

Thursday	Friday	Saturday	Sunday
2	3	4	5
9	10	11	12
16	17	18	19
23	24	25	26
30	1	2	3
7	8	9	10

Notes

July

To Dos	Monday	Tuesday	Wednesday
	27	28	29
	4	5	6
	11	12	13
	18	19	20
	25	26	27
	1	2	3

Notes

2022

Thursday	Friday	Saturday	Sunday
30	1	2	3
7	8	9	10
14	15	16	17
21	22	23	24
28	29	30	31
4	5	6	7

Notes

August

To Dos	Monday	Tuesday	Wednesday
	1	2	3
	8	9	10
	15	16	17
	22	23	24
	29	30	31
	5	6	7

Notes

2022

Thursday	Friday	Saturday	Sunday
4	5	6	7
11	12	13	14
18	19	20	21
25	26	27	28
1	2	3	4
8	9	10	11

Notes

September

To Dos	Monday	Tuesday	Wednesday
	29	30	31
	5	6	7
	12	13	14
	19	20	21
	26	27	28
	3	4	5

Notes

2022

Thursday	Friday	Saturday	Sunday
1	2	3	4
8	9	10	11
15	16	17	18
22	23	24	25
29	30	1	2
6	7	8	9

Notes

October

To Dos	Monday	Tuesday	Wednesday
	26	27	28
	3	4	5
	10	11	12
	17	18	19
	24	25	26
	31	1	2

Notes

2022

Thursday	Friday	Saturday	Sunday
29	30	1	2
6	7	8	9
13	14	15	16
20	21	22	23
27	28	29	30
3	4	5	6

Notes

November

To Dos	Monday	Tuesday	Wednesday
	31	1	2
	7	8	9
	14	15	16
	21	22	23
	28	29	30
	5	6	7

Notes

2022

Thursday	Friday	Saturday	Sunday
3	4	5	6
10	11	12	13
17	18	19	20
24	25	26	27
1	2	3	4
8	9	10	11

Notes

December

To Dos	Monday	Tuesday	Wednesday
	28	29	30
	5	6	7
	12	13	14
	19	20	21
	26	27	28
	2	3	4

Notes

2022

Thursday	Friday	Saturday	Sunday
1	2	3	4
8	9	10	11
15	16	17	18
22	23	24	25
29	30	31	1
5	6	7	8

Notes

January

To Dos	Monday	Tuesday	Wednesday
	26	27	28
	2	3	4
	9	10	11
	16	17	18
	23	24	25
	30	31	1

Notes

2023

Thursday	Friday	Saturday	Sunday
29	30	31	1
5	6	7	8
12	13	14	15
19	20	21	22
26	27	28	29
2	3	4	5

Notes

February

To Dos	Monday	Tuesday	Wednesday
	30	31	1
	6	7	8
	13	14	15
	20	21	22
	27	28	1
	6	7	8

Notes

2023

Thursday	Friday	Saturday	Sunday
2	3	4	5
9	10	11	12
16	17	18	19
23	24	25	26
2	3	4	5
9	10	11	12

Notes

March

To Dos	Monday	Tuesday	Wednesday
	27	28	1
	6	7	8
	13	14	15
	20	21	22
	27	28	29
	3	4	5

Notes

2023

Thursday	Friday	Saturday	Sunday
2	3	4	5
9	10	11	12
16	17	18	19
23	24	25	26
30	31	1	2
6	7	8	9

Notes

April

To Dos	Monday	Tuesday	Wednesday
	27	28	29
	3	4	5
	10	11	12
	17	18	19
	24	25	26
	1	2	3

Notes

2023

Thursday	Friday	Saturday	Sunday
30	31	1	2
6	7	8	9
13	14	15	16
20	21	22	23
27	28	29	30
4	5	6	7

Notes

May

To Dos	Monday	Tuesday	Wednesday
	1	2	3
	8	9	10
	15	16	17
	22	23	24
	29	30	31
	5	6	7

Notes

2023

Thursday	Friday	Saturday	Sunday
4	5	6	7
11	12	13	14
18	19	20	21
25	26	27	28
1	2	3	4
8	9	10	11

Notes

June

To Dos	Monday	Tuesday	Wednesday
	29	30	31
	5	6	7
	12	13	14
	19	20	21
	26	27	28
	3	4	5

Notes

2023

Thursday	Friday	Saturday	Sunday
1	2	3	4
8	9	10	11
15	16	17	18
22	23	24	25
29	30	1	2
6	7	8	9

Notes

July

To Dos	Monday	Tuesday	Wednesday
	26	27	28
	3	4	5
	10	11	12
	17	18	19
	24	25	26
	31	1	2

Notes

2023

Thursday	Friday	Saturday	Sunday
29	30	1	2
6	7	8	9
13	14	15	16
20	21	22	23
27	28	29	30
3	4	5	6

Notes

August

To Dos	Monday	Tuesday	Wednesday
	31	1	2
	7	8	9
	14	15	16
	21	22	23
	28	29	30
	4	5	6

Notes

2023

Thursday	Friday	Saturday	Sunday
3	4	5	6
10	11	12	13
17	18	19	20
24	25	26	27
31	1	2	3
7	8	9	10

Notes

September

To Dos	Monday	Tuesday	Wednesday
	28	29	30
	4	5	6
	11	12	13
	18	19	20
	25	26	27
	2	3	4

Notes

2023

Thursday	Friday	Saturday	Sunday
31	1	2	3
7	8	9	10
14	15	16	17
21	22	23	24
28	29	30	1
5	6	7	8

Notes

October

To Dos	Monday	Tuesday	Wednesday
	25	26	27
	2	3	4
	9	10	11
	16	17	18
	23	24	25
	30	31	1

Notes

2023

Thursday	Friday	Saturday	Sunday
28	29	30	1
5	6	7	8
12	13	14	15
19	20	21	22
26	27	28	29
2	3	4	5

Notes

November

To Dos	Monday	Tuesday	Wednesday
	30	31	1
	6	7	8
	13	14	15
	20	21	22
	27	28	29
	4	5	6

Notes

2023

Thursday	Friday	Saturday	Sunday
2	3	4	5
9	10	11	12
16	17	18	19
23	24	25	26
30	1	2	3
7	8	9	10

Notes

December

To Dos	Monday	Tuesday	Wednesday
	27	28	29
	4	5	6
	11	12	13
	18	19	20
	25	26	27
	1	2	3

Notes

2023

Thursday	Friday	Saturday	Sunday
30	1	2	3
7	8	9	10
14	15	16	17
21	22	23	24
28	29	30	31
4	5	6	7

Notes

January

To Dos	Monday	Tuesday	Wednesday
	1	2	3
	8	9	10
	15	16	17
	22	23	24
	29	30	31
	5	6	7

Notes

2024

Thursday	Friday	Saturday	Sunday
4	5	6	7
11	12	13	14
18	19	20	21
25	26	27	28
1	2	3	4
8	9	10	11

Notes

February

To Dos	Monday	Tuesday	Wednesday
	29	30	31
	5	6	7
	12	13	14
	19	20	21
	26	27	28
	4	5	6

Notes

2024

Thursday	Friday	Saturday	Sunday
1	2	3	4
8	9	10	11
15	16	17	18
22	23	24	25
29	1	2	3
7	8	9	10

Notes

March

To Dos	Monday	Tuesday	Wednesday
	26	27	28
	4	5	6
	11	12	13
	18	19	20
	25	26	27
	1	2	3

Notes

2024

Thursday	Friday	Saturday	Sunday
29	1	2	3
7	8	9	10
14	15	16	17
21	22	23	24
28	29	30	31
4	5	6	7

Notes

April

To Dos	Monday	Tuesday	Wednesday
	1	2	3
	8	9	10
	15	16	17
	22	23	24
	29	30	1
	6	7	8

Notes

2024

Thursday	Friday	Saturday	Sunday
4	5	6	7
11	12	13	14
18	19	20	21
25	26	27	28
2	3	4	5
9	10	11	12

Notes

May

To Dos	Monday	Tuesday	Wednesday
	29	30	1
	6	7	8
	13	14	15
	20	21	22
	27	28	29
	3	4	5

Notes

2024

Thursday	Friday	Saturday	Sunday
2	3	4	5
9	10	11	12
16	17	18	19
23	24	25	26
30	31	1	2
6	7	8	9

Notes

June

To Dos	Monday	Tuesday	Wednesday
	27	28	29
	3	4	5
	10	11	12
	17	18	19
	24	25	26
	1	2	3

Notes

2024

Thursday	Friday	Saturday	Sunday
30	31	1	2
6	7	8	9
13	14	15	16
20	21	22	23
27	28	29	30
4	5	6	7

Notes

July

To Dos	Monday	Tuesday	Wednesday
	1	2	3
	8	9	10
	15	16	17
	22	23	24
	29	30	31
	5	6	7

Notes

2024

Thursday	Friday	Saturday	Sunday
4	5	6	7
11	12	13	14
18	19	20	21
25	26	27	28
1	2	3	4
8	9	10	11

Notes

August

To Dos	Monday	Tuesday	Wednesday
	29	30	31
	5	6	7
	12	13	14
	19	20	21
	26	27	28
	2	3	4

Notes

2024

Thursday	Friday	Saturday	Sunday
1	2	3	4
8	9	10	11
15	16	17	18
22	23	24	25
29	30	31	1
5	6	7	8

Notes

September

To Dos	Monday	Tuesday	Wednesday
	26	27	28
	2	3	4
	9	10	11
	16	17	18
	23	24	25
	30	1	2

Notes

2024

Thursday	Friday	Saturday	Sunday
29	30	31	1
5	6	7	8
12	13	14	15
19	20	21	22
26	27	28	29
3	4	5	6

Notes

October

To Dos	Monday	Tuesday	Wednesday
	30	1	2
	7	8	9
	14	15	16
	21	22	23
	28	29	30
	4	5	6

Notes

2024

Thursday	Friday	Saturday	Sunday
3	4	5	6
10	11	12	13
17	18	19	20
24	25	26	27
31	1	2	3
7	8	9	10

Notes

November

To Dos	Monday	Tuesday	Wednesday
	28	29	30
	4	5	6
	11	12	13
	18	19	20
	25	26	27
	2	3	4

Notes

2024

Thursday	Friday	Saturday	Sunday
31	1	2	3
7	8	9	10
14	15	16	17
21	22	23	24
28	29	30	1
5	6	7	8

Notes

December

To Dos	Monday	Tuesday	Wednesday
	25	26	27
	2	3	4
	9	10	11
	16	17	18
	23	24	25
	30	31	1

Notes

2024

Thursday	Friday	Saturday	Sunday
28	29	30	1
5	6	7	8
12	13	14	15
19	20	21	22
26	27	28	29
2	3	4	5

Notes

Notes

Notes

Notes

Notes

Notes